梅花拳初级教程

冯盼盼◎编著

海天出版社
HAITIAN PUBLISHING HOUSE
·深圳·

图书在版编目（CIP）数据

梅花拳初级教程 / 冯盼盼编著 . — 深圳 : 海天出版社，2021.10

（深圳小学好课程）

ISBN 978-7-5507-3289-6

Ⅰ . ①梅… Ⅱ . ①冯… Ⅲ . ①梅花桩－基本知识

Ⅳ . ① G852.19

中国版本图书馆 CIP 数据核字（2021）第 195875 号

梅花拳初级教程

MEIHUAQUAN CHUJI JIAOCHENG

出 品 人　聂雄前
责任编辑　李　春
责任技编　陈洁霞
责任校对　方　琅
装帧设计　思成致远

出版发行　海天出版社
地　　址　深圳市彩田南路海天综合大厦（邮政编码：518033）
网　　址　www.htph.com.cn
订购电话　0755-83460239（团购、邮购）
排版制作　深圳市思成致远创意文化有限公司 Tel：0755-82537697
印　　刷　深圳市希望印务有限公司 Tel：0755-89502914
开　　本　787mm×1092mm　1/16
印　　张　6.5
字　　数　100 千
版　　次　2021 年 10 月第 1 版
印　　次　2021 年 10 月第 1 次
定　　价　38.00 元

绪论

"梅花拳"简称"梅拳",亦称"梅花桩",为僧门教派。在中国四大武术门派中属昆仑派系,内含文道、武道、医道三部分,是我国古老而优秀的传统武术门派之一,且独具文武双修的特色。2006年5月,邢台梅花拳被国务院列入第一批国家级非物质文化遗产名录。

经考证,梅花拳的文武功法起源西周时期。据《列子·汤问》及《史记·赵世家》记载,在西周穆王时期,大将造父在向当时的泰豆氏习得文武功法和桩法后,助周穆王平定天下,后被赐封赵城,成为"赵"姓的始祖,其时为公元前1000年左右。现在梅花拳练功主要方法——"干支五势梅花桩"即脱胎于造父所习之功法。由此可见,梅花拳的功法迄今至少有3000年的历史。

从此,历代皇家将此文武功法视为保家镇国之宝,尽在王公将相中流传,并不断将其完善和提高。其文武功法盛行于周、秦、汉,到唐、宋发展到鼎盛时期。至南宋被元所灭,为保存汉民族的血脉及图谋复国,部分隐居民间的大臣,将这套文武功法在民间秘密传授,并传承下来。直至明末清初,原先从不公开外传的文武功法,经一代宗师邹宏义系统整理完善后,正式定名为"梅花拳",并公开传播于世,从此以后,梅花拳开始有了明晰的传承历史记载,并逐渐发展成为我国传人弟子最多的武术门派。在现在许多文献中均注称梅花拳是起源于明末清初,邹宏义亦被后世弟子尊为"梅花拳始祖"。

梅花拳以"梅花"命名,实是"喻梅花推演五行生化,定拳势传载文武功法",并取梅花在冬未尽、春未到之时开放,含先觉先知之意,致先备先用之理,达后发先至之效。梅花拳有文道、武道、医道:在武功方面以道家为

主，道法自然，清修静练；在文功方面以佛家为主，明心见性，见微知著；在世理方面以儒家为主，内省自修，以德立人。其兼具儒释道三家思想于一身，形成了丰富的内涵。功法讲究天人合一，究本求源，动静之极，刚柔相济，开合适机，其动静结合的功法构成了一套完整的功法体系。梅花拳强调"大道至简，妙用为神""文武双修，以德立人"等武学要义，在发展及传承过程中始终持以文治武、以武载文、文居内而武彰外的理念，其文韬武略的理念形成了鲜明的特色。

目录

第一章 梅花拳基本手型与步型

第一节 手型的解析

手型是梅花拳架子运动中最基本的动作，在实战攻防中，有着重要实用价值。是否正确掌握手型，是衡量架子好坏的具体标准之一。

一、拳

五指卷拢握紧为拳。握拳的方法，就是五指先并拢伸直，然后将食指、中指、无名指和小指的第二、三指骨向内弯曲，再将第一指骨向内弯曲，最后大拇指第一关节紧贴在食指和中指的第二节指骨上。（图1-1-1）

拳头的组合名字：

拳心——手心的一面，即五指弯曲的一面。

拳背——手背的一面，即拳心的反面。

拳面——食指、中指、无名指和小指的第一节指骨互并形成的平面。

拳眼——大拇指一侧的圆孔。

拳轮——小指一侧的圆孔。

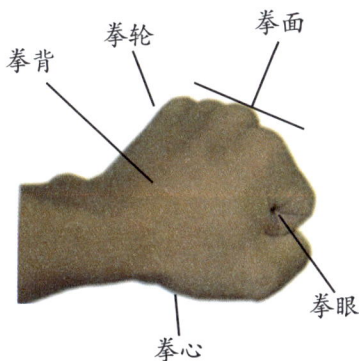

图 1-1-1

二、掌

　　五指伸直为掌。五指分开的叫巴掌，拇指展开其余四指并拢的叫八字掌（图1-1-2），拇指弯曲而其余四指并拢的叫柳叶掌（图1-1-3）。

　　掌心——手心的一面。

　　掌背——手背的一面。

　　掌指——手指的前端（指尖）。

　　拇指一侧——拇指一边的手掌边缘。

　　小指一侧——小指一边的手掌边缘。

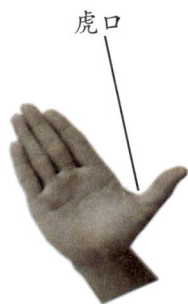

图1-1-2

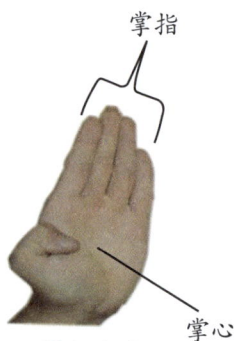

图1-1-3

三、勾手

　　五指撮在一起，腕关节弯曲为钩。

　　钩尖——撮在一起的尖端。

　　钩顶——腕关节弯曲凸起的位置。

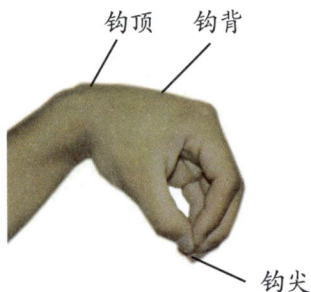

图1-1-4

四、剑指

五指并拢伸开，拇指内屈扣压在无名指和小指第一关节，中指和食指并紧伸直。

图 1-1-5

第二节　步型的解析

步型是梅花拳架子中最基本的动作练习，只有正确地掌握架子中的基本动作技法，架子水平才能得到提高。

一、弓步

图 1-2-1

动作要领：并步站立，两拳放于腰间，左脚向前跨一步；左腿屈膝平蹲，右腿在后勾脚尖，挺膝伸直，目视前方。

练习目的：主要锻炼股直肌、内外侧肌、左右跟腱、比目鱼肌等力量。

说明：

1.弓步也叫弓箭步，它要求顺胯，前后脚跟成一条直线。左腿前膝弯曲度大于90°，后腿挺膝，勾脚尖。

2.弓步必须练左右两腿，不要只练一侧。

二、马步

图 1-2-2

动作要领：

1. 开步站立，约三脚半距离，屈膝半蹲。

2. 两脚尖朝正前方，头正身直，两臂伸展侧面平举，拳（或掌）心向下。

练习目的：主要锻炼股直肌、内外侧肌、比目鱼肌等力量。

说明：

1. 马步要求：挺胸、直背、塌腰、大腿屈平，脚尖正对正前方；两膝不能超过脚尖，也不要真像骑马那样向里扣拢。

2. 下蹲的时间根据自己的身体素质决定，两腿有酸痛的感觉才有效果。

三、扑步

图 1-2-3

动作要领：

1. 并步站立，双臂展开，前拳拳心向上，后拳拳心向下。

2. 左腿向左侧挺膝伸出，脚尖向内扣紧，脚掌紧贴地面，上身微微前倾，目视前方。

练习目的：主要锻炼下肢肌腱、踝关节力量。

说明：右腿平蹲，左腿侧挺膝伸出，髋关节下沉，脚尖向内扣紧，防止膝盖外扩和掀起。上身保持挺胸，直背、塌腰、眼看前方，左右脚交替进行练习。

四、拗势步

图 1-2-4

动作要领：

1. 并步站立，左腿向前方跨一步，双腿直膝，两脚反方向内扣，十趾抓地。

2. 右臂伸直，手臂高度不过耳，拧腰、合胯、挺腹、收下颌，成左拗势，目视左方。

右拗势步同上。

练习目的：主要锻炼腓肠肌、腓骨短肌、股内侧肌、臀大肌等下肢力量。

说明：

1. 在练习拗势步时，前后腿间距可以根据自身素质来调整。

2. 左脚向前方跨一步，双腿直膝，两脚反方向内扣，十趾抓地。

3. 拗势要求拧腰、合胯、挺腹，目视前方。

五、小势步

图 1-2-5

动作要领：

1. 身体成侧向前，两脚开立，两腿屈膝下蹲。

2. 左腿脚面绷直点地，靠近右脚跟，右脚脚尖外展135°，成开胯圆裆，身体重心在后腿上，身体正直。

右小势步同上。

练习目的：主要锻炼臀大肌、股二头肌、股内侧肌、缝匠肌等力量。

说明：

1. 右脚屈膝下蹲，重心在右腿，左腿收回，屈膝，脚尖垂直落地，左脚尖放在右脚跟旁。

2. 上身直立，左右臂微曲，拳眼相对，目视左方。

第二章　　基本功训练

　　基本功以它的独特技艺和功法成为梅花拳的一个重要组成部分。它包括肩功、腿功、腰功、鼎功、桩功以及各种练法。它既是梅花拳运动的基础，也是增强体质、提高拳法、攻防应用的有效方法。其内容和训练方法如下：

　　1.腿功有压、搬、劈、耗、踢、甩等法。

　　2.腰功有俯、拧、翻、弹、甩、吊、下、耗等法。

第一节　　腰部——柔韧

一、前俯腰

图 2-1-1

图 2-1-2

图 2-1-3

动作要领：

1.并步站立，两臂伸直上举，两手手心朝上，十指交叉握住。

2.上身前屈，两手在脚尖前贴地。（图2-1-2）

3.两手松开环抱小腿，使面部紧贴胫骨。

4.上身直起还原，两手再交握上举，做第二次。

练习目的：锻炼腰椎的关节、软骨和韧带的柔软性，使腰椎在运动中能够达到前屈的极度。

说明：

1.两腿必须并拢挺膝伸直。

2.面部要贴紧胫骨，如有可能最好使头顶碰及地面。

3.初练阶段可做15～30次。

二、侧俯腰

图 2-1-4

图 2-1-5

动作要领：

1.并步站立，两臂伸直上举，两手手心朝上，十指交叉握住。

2.上身左转，下肢不动。

3.上身向左腿外侧方俯下，两手在脚外侧贴地。

4.上身直起回至第一步。

5.上身右转。

6.上身向右腿外侧方俯下。

如此左右轮换做。

练习目的：锻炼腰椎的柔韧性，同时由于转体关系也锻炼了腹斜肌。

三、弹腰

图 2-1-6

图 2-1-7

图 2-1-8

动作要领：

1.并步站立，两臂伸直上举，两手手心朝上。

2.抬头，眼看两手，屈腰向后弯。

3.再屈腰向前弯，使腰部上下震摆弹动。

练习目的：锻炼腰椎的坚韧性和腰腹力量。

说明：

1.屈腰后弯曲要形成稍大于90°的角。

2.弹腰时必须用腰来上下震摆，不可用膝关节来弹动。

3.弹腰的次数，初练时可做8～10次，分组练习。在经过一段时间练习后，可以增加次数，缩短时间。

四、下腰

图 2-1-9

动作要领：

1. 屈腰向后弯下以双手撑地成桥形。（图 2-1-9）

2. 双手推地站起，再做第二次。

练习目的：训练腰部，主要锻炼整个脊柱的柔韧性，使它在以后的运动中能够做到极度的后伸和后弯。

说明：初学者在练习时要老师辅助腰部进行练习，也可以背对墙壁，双手上举，挺胸屈腰以反手扶墙壁缓缓下落，双手着地。对于初学者应按部就班练习，要有刻苦耐劳的精神，要有恒心。

第二节　腿部——韧带

进行腿部训练需要具备一些训练器具。现在，以压腿杠最为理想；但在过去，一般是以桌子、凳子、墙壁、窗台等来进行锻炼的。读者在锻炼的时候，如果没有压腿杠设备，不妨利用家中现有的器具作为训练器具。

一、正压腿

图 2-2-1

动作要领：

1.选择器材（墙壁、桌子、压腿杠等），距离两小步站立。

2.将右腿提起，脚跟搁在器具上，勾脚尖，膝部挺直，高度齐腹；左脚支撑站立，脚尖正对前脚脚跟。

3.两臂屈肘放在膝部，上身前俯下压，每隔3至5秒交替下压。

练习目的：正压腿主要锻炼二头肌、半腱肌、跟腱和小腿三头肌的肌腱，增强肌腱的伸展机能；并锻炼关节内外侧的韧带，为将来正踢腿动作做好准备。

说明：

1. 俯压要求必须挺胸、直背、挺膝、坐胯。

2. 俯压的次数、时间的长短要根据个人情况而定。

3. 初学者压腿不宜压得太低，过低可能会拉断肌纤维，经过一段时期后再适当低压。练习期间，左右腿交替进行。

二、侧压腿

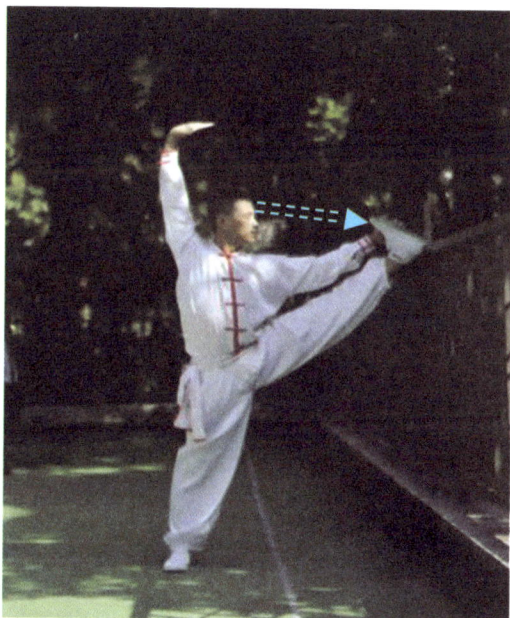

图 2-2-2

动作要领：

1. 身体左侧对准训练器具，距离两小步站立。

2. 将左腿提起脚跟搁在器具上，勾脚尖，膝部挺直，高度齐腹。

3. 右脚支撑站立，脚尖正向前，右手伸直，掌心向上，左手屈肘压在大腿上，上身前俯下压，每隔3至5秒交替下压。

练习目的：继续锻炼正压腿二头肌、半腱肌、跟腱和小腿三头肌的肌腱；训练髋肌带，为将来离合腿、外摆腿等动作创造肌肉和韧带伸缩自如的条件。

说明：

1. 侧压要求必须挺胸、直背、挺膝、开胯。身侧屈，勾脚尖。

2. 经过一个时期锻炼之后，支撑腿扩大开胯幅度，增强髋关节外展机能。

3. 侧压腿练到后期，左手抓后脚跟，右手俯抓脚尖，上下交替进行。练习期间，左右腿交替进行。

三、屈压腿——吻靴

图 2-2-3

图 2-2-4

动作要领：并步站立，左腿屈膝100°下蹲，右腿伸向前身，膝部挺直，右脚尖勾起，上身前俯，双手抱住脚尖外侧，眼看右脚尖。

练习目的：主要是锻炼小腿的比目鱼肌和跟腱的韧带，同时也能锻炼小腿的胫骨前肌和肌腱的收缩性。另外，由于经常屈膝下蹲，也锻炼了腿部肌肉群和单腿平衡能力。

说明：

1. 屈压腿要求练习者必须挺胸、直背、塌腰、身前俯，挺膝盖、坐胯、头碰脚尖。

2. 练习吻靴是比较艰苦的阶段，初练者可以先试着脚尖碰额头，经过一段时期的锻炼后，可在器具上进行练习。

四、扳腿——卧靴

图 2-2-5

图 2-2-6

动作要领：

1. 并步站立，右腿屈膝蹲下，左腿伸向左方，膝部挺直，脚尖翘起，脚跟着地。

2. 上身倒向左腿，用左手抓住左脚，右手扶右膝。

练习目的：一方面锻炼腿部的肌腱和韧带，另一方面锻炼腹外斜肌、背阔肌、冈下肌等肌肉群，间接地也锻炼了腰部的柔软性，所以《梅拳柔功谱》里说："左右把靴卧，练腿又练腰。"

说明：

1. 扳腿卧靴必须以身体的侧面倒卧在腿上，不能用胸部俯在腿上。

2. 先做一种侧卧练习，连续做几次后再换做另一种，不要做一次左侧卧接着就做右侧卧。

五、朝天蹬

图 2-2-7

图 2-2-8

动作要领：

1. 左腿支撑站立，膝关节挺直。

2. 右腿屈膝在身前。

3. 右手从内托住右脚跟。

4. 左手抱拳在腰间（图 2-2-7）或高举左臂，右手将右腿从身体侧面托举过头顶，勾脚尖（图 2-2-8）。

练习目的：朝天蹬锻炼侧面大腿韧带以及肢体的平衡能力。

说明：

1. 朝天蹬要求右腿托举到耳侧和头顶，练习时必须挺胸、直背、开胯，左脚五指抓地站稳。

2. 对于初练阶段，左（右）手可以扶着墙壁、树木、座椅等。蹬腿期间，左右腿交替进行练习。

六、左竖叉

图 2-2-9

图 2-2-10

动作要领：

1. 左腿屈膝下蹲，右腿伸向身后，两手放在身体两侧；前腿以腿的后侧贴地，勾脚尖。

2. 上身正对前方，两臂伸直。

练习目的：锻炼髋关节前后屈展的韧带及柔韧性。

说明：

1. 两腿劈开的时候不要过猛，否则对初学者来说很容易使髋关节脱臼，也容易造成韧带拉伤，应该慢慢地下滑，根据韧带的疼痛感下落。初练阶段，前后脚放两个小沙包进行练习，裆部离地面的高度根据自身情况来调整。

2. 经过一段时期的锻炼，能使裆部贴住地面，前脚必须勾脚尖，后脚面要绷直紧贴地面，在练习时最好坚持20～50秒的时间。右竖叉同上，左右腿交替进行练习。

七、横叉

图 2-2-11

动作要领：两腿屈膝下蹲，两手放在地面上；两腿慢慢地分向左右两侧劈开伸直着地，都以腿的内侧贴地，两脚内侧落地。

练习目的：横叉主要锻炼髋关节处的韧带与两脚踝的灵活性。

说明：横叉也叫"横劈叉"，初练阶段可以在身前放置一个小板凳，将身体俯撑在凳上。两腿左右下滑要根据自身情况来调整裆部离地面的高度；劈横叉必须要成一条直线，两腿膝部伸直，双臂架平，目视正前方。

第三节 腿法——组合

中国武术素有"南拳北腿"之说,梅花拳的腿法,就是北腿的典型代表。梅花拳的腿法包括五种基本腿法及应用阴阳五行学说演化而出的二十五路腿法。五种基本腿法分为正踢腿、侧踢腿、斜踢腿、里合腿、外摆腿。在这五种基本腿法的基础上,察敌之上、中、下各三路的方位,以及面前进、后退、左闪、右挪、高跳、低伏的变化,每种腿法又因此而生发出五路应敌之腿法,诸如鞭、点、勾、扫、截、挂等,攻无定法,守无成形,因彼而动,随机而发。

一、正踢腿

正踢腿是武术训练时的一个基本动作,两臂平伸,手掌直立,同时左右腿轮流上踢。上踢幅度越高越好,真正的高手往往能踢至头顶附近,上踢时可前行可不前行。踢腿是腿功柔韧性训练最为重要的一步,它可以巩固压腿、劈腿、吊腿的效果,也为实战腿法训练打下了坚实的基础。

图 2-3-1

动作要领：双手侧平举成立掌，左脚上步，前移重心的同时右脚勾脚尖，直腿向正前上方摆踢，然后原路返回脚尖点地；右脚上半步，前移重心踢左腿。左右交替进行。

说明：

1. 踢腿时头要上顶，身体保持正直，稍向前倾，应避免前俯后仰，双臂左右撑住不能摇晃，支撑腿要直。

2. 上踢腿脚尖要勾紧。

3. 髋关节注意往回收，不能放胯。

4. 脚尖落地要轻。

二、侧踢腿

图 2-3-2

动作要领：

1.侧向直体站立，两臂侧平举成立掌，左脚经右脚向右前侧上步，右脚勾脚尖向右侧正上方踢，脚掌心向上，脚尖向右，同时右臂屈肘回摆于右胸前成立掌。

2.左臂直臂向上撑于头上，掌心向上，掌指向右。

3.右脚回落，脚尖点地，两臂回撑左右平举，左脚再上步踢左腿。踢左腿时动作相同方向相反。

说明：侧踢腿注意事项与正踢腿相同。

三、斜踢腿

斜踢腿动作与正踢腿相似，只将摆腿的摆踢方向改为斜向异侧肩方向，其他动作要求与正踢腿相同。

图 2-3-3

动作要领：与正踢腿相同，唯踢腿时，腿向头异侧方踢，再进行左右交替的间踢腿练习。

说明：两腿膝关节挺直，多做手扶支撑物的一腿连续快速的踢腿练习以增强腿部肌肉力量，并要求收髋、收下颌、头上顶、立腰、收腹，踢腿过腰后加速，脚尖勾紧，踢腿要有寸劲。脚尖向异侧耳部（如左脚尖向右耳部）踢，称为"斜踢腿"。

四、里合腿

里合腿是腿部练习基本功之一。做好里合腿的要诀是：侧起斜落，弧高齐头，三直一勾，横向加速。

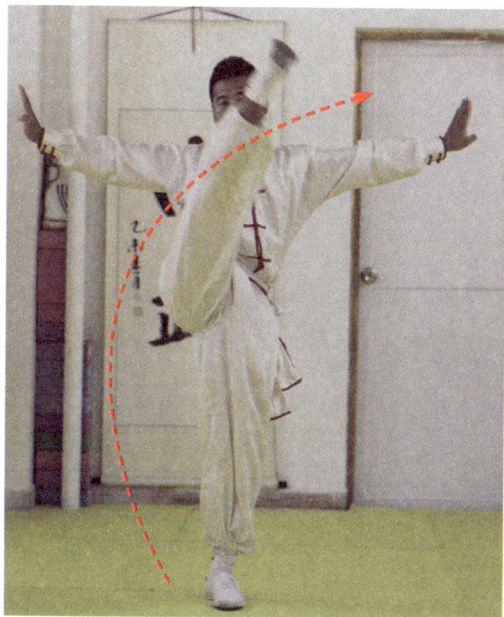

图 2-3-4

动作要领：并步直体站立，两臂侧平举，左脚向右前上步，前移重心的同时右脚回扣，直腿向右前上摆起，顺势向里合，经前向左侧落下，脚尖点地，右脚向左前上半步。同法踢左腿里合，左右交替进行。里合腿主要用于防守对方对我上体的进攻或攻击对方头部。

说明：

1. 身体保持正直，不能摇晃。

2. 摆动腿与支撑腿不能弯曲。

3. 双手侧撑稳定，不能摇摆。

4. 摆踢幅度尽量大，腿要靠近身体。

5. 里合脚掌可与异侧手掌在正前方击响。

6. 踢摆腿不能直接踢向异侧。

五、外摆腿

外摆腿的摆动路线与里合腿完全同迹，但其摆动方向却和里合腿正好相反。逆向运用里合腿的要领，就能做好外摆腿。其要诀是：斜起侧落，弧高齐头，三直一勾，横向加速。

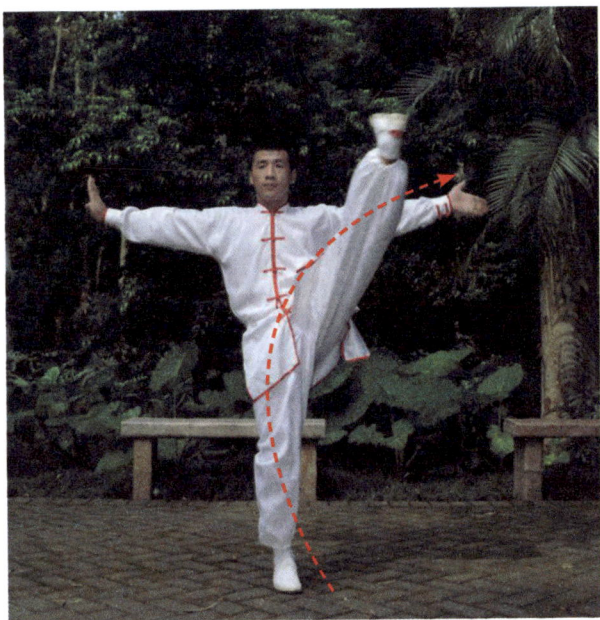

图 2-3-5

动作要领：两脚并立，两手立掌或握拳，两臂侧平举。

说明：

1. 右脚向前方上半步，右脚脚尖勾紧，左腿向右侧上方提起，经面前向左侧上方摆动，直腿落在右脚旁。眼向前平视。左掌可在左侧上方击掌，也可不做击掌。练习时左右腿可交替进行。

2. 挺胸、立腰、松髋、展髋。外摆幅度要大，成扇形。纠正方法：收下颌，头上顶，强调直腰，两臂外撑以固定胸廓，另外可先踢低腿，并适当放慢速度。

3. 踢腿前可做抱膝外展髋等练习，以提高髋关节的灵活性，也可先踢低腿。强调加大外摆幅度。可按口令要求的速度原地连续摆一条腿，然后换腿练习。

第三章 基本动作训练

在前面的基本功训练中，我们已经练出了柔韧、灵活、富有力量的身体，接下来就要跨进基本动作训练的阶段。在这个阶段里，我们要学会掌握梅花拳的各种运动技巧，包括平衡、跳跃、滚翻、行走步法等。通过这些训练，我们能够发展身体动作的协调性、灵活性、速度以及肌肉的弹性，能够培养我们在运动中运用惯性力量的能力，所有这些训练都将为我们熟悉梅花拳的徒手和简单器械等各种架子打下坚实的基础。

梅花拳架子来源于实战，具备各种技击特点和技击规律，展现了人体动态变化的融合。在梅花拳架子中包含了许多静态和动态的平衡，以及跳跃、滚翻、行步等技巧，这些技巧便是我们这一阶段学习的核心内容。

第一节 平衡——技巧

一、单膝直立式

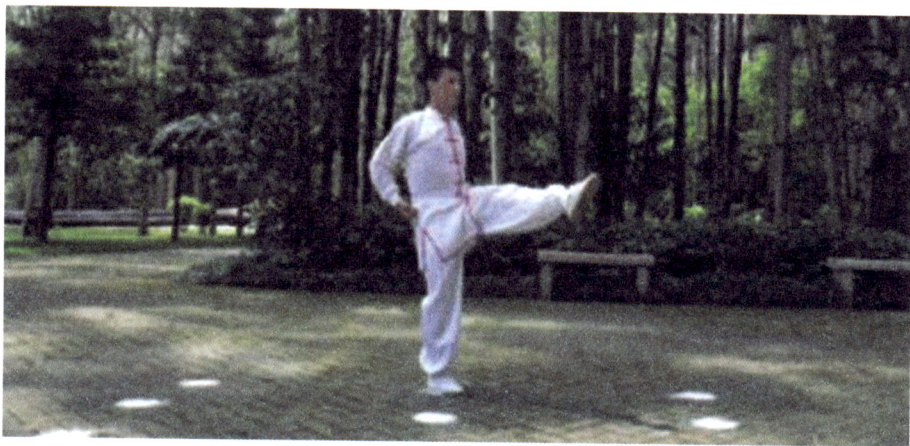

图 3-1-1

动作要领：双腿直立，右脚支撑，左腿伸出，脚面绷直，脚尖向上，两拳抱腰间，目视前方。

练习目的：主要训练腹部肌肉、腕关节韧带以及髋部力量。

说明：单膝直立式要求抬头挺胸、收髋、收下颌，目视前方，两拳放在腰间，右腿挺膝直立。腿的静止时间一般在15～25秒之间。左右腿交替练习。在训练过程中要求学员注意自身动作和整体神态，目视前方。右腿同上。

二、盘腿半蹲式

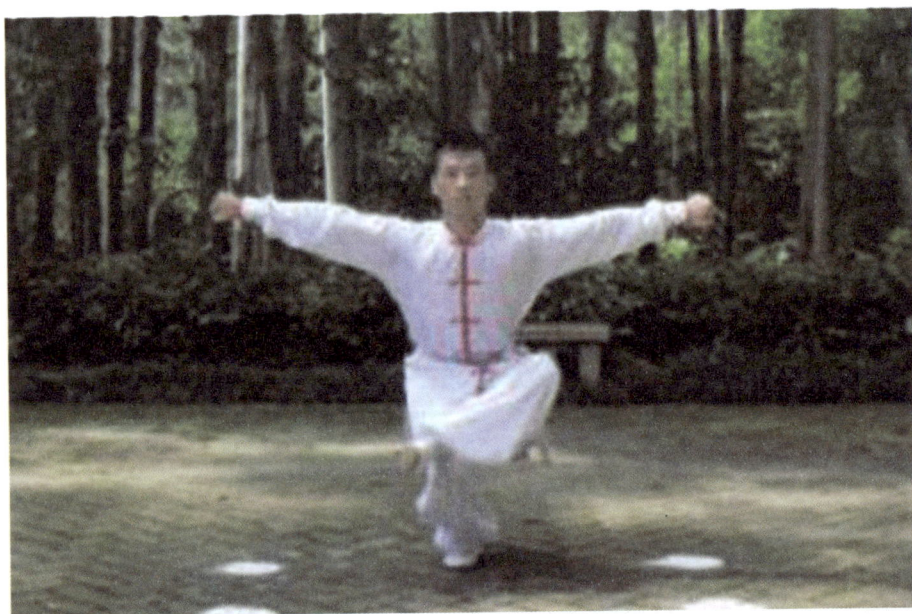

图 3-1-2

动作要领：两臂伸直，右脚屈膝下蹲，左脚屈膝，左脚踝关节放在右脚膝关节上，目视前方。

练习目的：有效锻炼髋关节力量、单腿支撑力以及平衡力。

说明：双臂伸开，右腿屈蹲时左脚踝快速盘在右腿的膝关节部位。收腹、直腰、收下颌，不可以塌腰耸肩。

三、桩步单屈式

图 3-1-3

动作要领：左脚屈蹲，右脚蹬直勾脚尖。左手伸直，掌心向前，右拳放在腰间。

练习目的：主要锻炼下肢腿部支撑力量以及平衡能力。

说明：挺胸拔背，收下颌，可左右交替行走练习。在练习过程中，蹬腿高不过膝，小腿抖力迅速，手、眼、步配合要一致，眼随脚走。

四、前势平衡式

图 3-1-4

动作要领：左腿支撑，右腿后踢控起，脚尖绷直，右臂伸展，掌心向下，塌腰，抬头，目视前方。

练习目的：锻炼腰部协调性以及大、小腿肌肉的协调力量。

说明：在练习前势平衡式这项动作前，要活动好腰部韧带和腿部韧带。右腿踢起，脚尖绷直，呼吸均匀。左腿同上。

第二节　滚翻——协调

一、侧手翻

图 3-2-1

图 3-2-2

图 3-2-3

图 3-2-4

图 3-2-5

图 3-2-6

动作要领：

1.并步站立，右脚上前半步，右脚脚尖点地，双臂上举，眼睛看右前方。（图3-2-1）

2.上动不停，甩左腿，脚尖绷直，接着双手按地（图3-2-2），形成开腿的手倒立姿势（图3-2-3）；右脚在右侧面落地，左手同时离开地面（图3-2-4）。

3.左臂单手支撑，左脚落地，身体向右边倾斜，眼随右手走。（图3-2-5）

4.双脚落地，双臂一上一下，双脚打开，目视右前方，立正收式。（图3-2-6）

说明：侧手翻在技巧运动中唤作"虎跳"。这个动作必须连贯迅速，落地要轻，在练习时还要左右两侧都做，双手单手都要练习。在经过一段时间后，双手可以收起成"侧空翻"动作。

二、前滚翻

图 3-2-7

图 3-2-8

图 3-2-9

图 3-2-10

图 3-2-11

动作要领：

1. 并步站立，屈膝下蹲，双手扶在两脚侧面。（图 3-2-7）

2. 小腿送力，头顶着地，双手放在耳侧。（图 3-2-8）

3. 收腹弯腰，双腿屈膝向胸前收，双手抱胫骨。（图 3-2-9）

4. 脊背落地卷起，臀尖着地，收腿，眼看前方。（图 3-2-10）

5. 屈膝下蹲，成前滚翻预备式。（图 3-2-11）

说明：前滚翻俗称"滚翻"。初练时，可以在斜坡上从高到低训练。这个动作首先要蹲撑，提臀蹬地，同时屈臂、收腹、团身、向前滚动。前滚时，后脑、肩、背、臀部依次着地，然后抱小腿团身成蹲撑。

三、前手翻

图 3-2-12

图 3-2-13

图 3-2-14

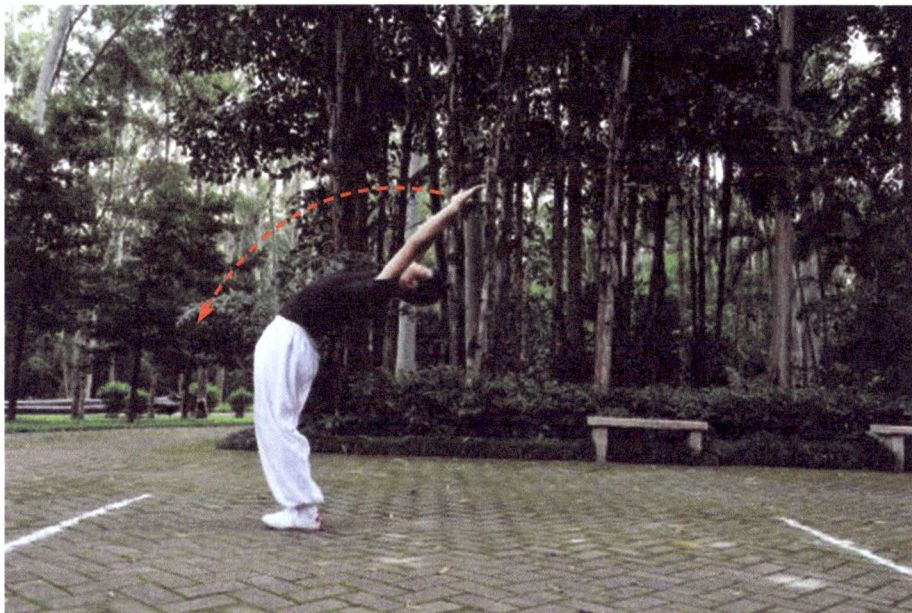

图 3-2-15

动作要领：

1. 并步站立，左脚上前一步，右脚在后；两手直臂上举，手心朝前；眼看前下方。（图 3-2-12）

2. 上身前倒，两臂撑地，右脚直腿向后、向上摆动，左脚同时蹬离地面。（图 3-2-13）

3. 形成倒立姿势。（图 3-2-14）

4. 屈腰，两脚向前翻下落地，膝部前送使重心前移，两手同时推地，上身直立站起。（图 3-2-15）

说明：这个动作在从倒立姿势翻下时，腰部必须尽量弯曲，头要向上抬起。在练习一个阶段之后，还可以试着在从倒立姿势翻下、两脚尚没落地之前，两手即推离地面使身体悬空，而后两脚再着地站起。

四、扶地后倒

图 3-2-16

动作要领：并步站立，左腿支撑，屈膝降低身体重心，右腿前伸，两臂屈肘位于身体两侧，掌心向下；上动不停，上体后倒，以背部、臀部和前臂及两掌同时着地。

说明：后倒时，尽量降低重心，前臂要平行着地，切勿以手掌或肘关节撑地。着地时要闭口、屏气、低头。

五、鲤鱼打挺

图 3-2-17

图 3-2-18

图 3-2-19

动作要领：

1.仰卧，屈体，以背着地，两腿伸向头部，膝部接近前额，两手分放在耳侧。（图 3-2-17）

2.两腿向后、向下蹬，两手同时推地，挺腹、仰头，脚落地站起。（图 3-2-18）

3.双脚分开，屈膝下蹲，两手放在前方。（图 3-2-19）

说明：鲤鱼打挺就是"蹬足起"。这个动作在蹬腿时，必须立即挺腹仰头，否则很不容易立起。在初练阶段也可以将两手屈肘伸向肩后撑地，在蹬腿挺腹时用两手推地，这个方式比脱手的容易练习。

六、头顶倒立

图 3-2-20

图 3-2-21

图 3-2-22

图 3-2-23

动作要领：

1. 由蹲撑开始，两手同肩宽，与头顶前部约成等边三角形撑垫，两肘内夹，提臀，两腿慢慢伸直。

2. 两腿伸直后，一腿上举，另一腿蹬地。

3. 当身体立稳时，并腿伸髋成头手倒立姿势。

说明：

1. 保护帮助者站在练习者侧前方，两手扶其腰部，当成头手倒立时，两手改扶小腿。

2. 头手倒立不稳前倒时，低头做前滚翻以自我保护。

3. 蹲撑，两脚蹬地，屈腿做头手倒立。

4. 由分腿立撑开始做慢起头手倒立。

第四章　五势拳法演变

第一节　五势层次变化

一、五势与五式

五势拳法之所以称为"五势"，而非"五式"，是因为其中每个姿势都蕴含着动静转换、攻守互变的五种内涵，即：

守势——软硬连环

攻势——瞬应由彼

变势——虚实灵活

动势——刚捷猛厉

静势——沉蓄固静

二、五势拳法练习的三个层次

一是基本功，主要是练习基本腿法和基本步型，掌握五势的基本动作。

二是观势功，主要是练习"彼不动，我不动"，这是梅花拳五势应用的开始，通过练习可以掌握观察对方动态的能力。

三是变势功，主要是练习"无规律的规律"，势随彼变，劲随彼发，这是梅花拳五势应变的开始。

三、五势拳法练习的五个层次

第一，五势拳法可以练其外（金、木、水、火、土），行其内（心、肝、脾、胃、肾），凝聚了中国功夫之精髓。

第二，五势拳法可以穿插动势、行走八方、五五变化、生生无穷，演练出无穷无尽的招法套路。其势虽有限，而其招无穷。

第三，五势拳法讲究"软硬绵刚、精巧灵活、虚实变化、五合妙法"。其练习分"软练、硬练、绵练、刚练、疾练"五个层次循序渐进，可将身体的力量、速度、灵敏、耐力练到极致。

第四，五势拳法练到最后，可以做到"势势抖发，骤然而起，原本不动，一动都动，内外一体，手随眼攻，只进不退，步中生灵，万般变化为一理贯通"。

第五，五势拳法还是各种兵器、兵法的根本，任何兵器、兵法都是拳法的延伸，所以练好拳是练好兵器、兵法和韬略的重要基础。

第二节　五势演变歌诀

一、大势

气沉丹田站当中，留神细看来人形。

南来顺他向北往，东来顺他向西行。

见劲使劲借他劲，不可争力逆进行。

二、顺势

单鞭伸开一条线，四路来人能改变。

一变昆锤闪端手，二变崤山锤当先。

三变手眼身法步，四变扫腿带地盘。

三、拗势

拗势伸开似龙形，合肩扣步走西东。

横走竖撞迎风掌，斜身拗步令人惊。

左翻右转横摆腿，栽锤快锤不留情。

四、小势

小势站稳赛如钉，踢点截撞似猴形。

刁拿锁带靠身肘，勾挂踩蝙步法精。

摧腿劈腿堵门腿，上下变转快如风。

五、败势

败势伸开回头看，左劈右挂随机变。

前后左右撑拔腿，前崤后挑上下翻。

脚打七分手打三，千变万化快为先。

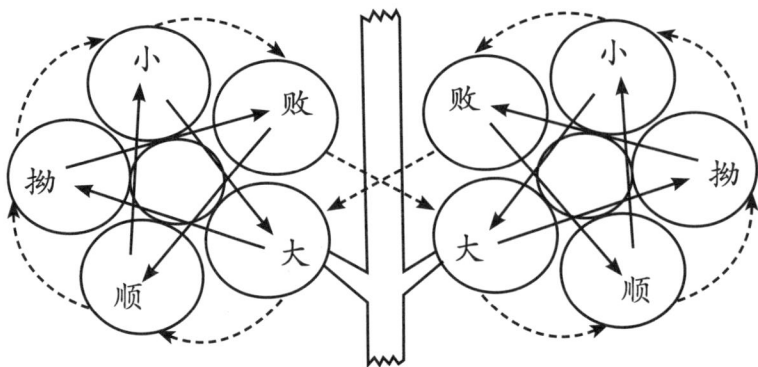

（右向演变）　　　　　（左向演变）

虚线 ----▶ 相生　　实线 ——▶ 相克

梅花拳五势拳法相生相克图

第三节　左向演变

一、左大势

图 4-3-1

　　动作要领：左右脚平行分开站立，身体左侧朝前，以三七步子站立，身体重心七分落于右腿。左脚尖朝前，右脚尖外摆45°，成大势步。左腿微弓，右腿屈膝90°，胯与膝同高，上体正直，含胸拔背，身体向右侧调腰；右手臂握拳贴耳上举，左手臂握拳侧平举，两拳拳眼相对，头向左摆，目视左前方。（图4-3-1）

二、左顺势

图 4-3-2

图 4-3-3

图 4-3-4

动作要领：

1. 接上式，左脚尖外摆，身体重心移于左脚，右脚收于左膝侧，身体左转180°；同时右手臂上举向左下画弧于胸前，拳心朝里；而左手臂由侧向上画弧成侧平举，眼视前方。（图 4-3-2、图 4-3-3）

2. 上动不停，右脚向右迈步，脚尖朝右。右腿屈膝90°。左腿蹬直，开胯成右弓步，胯与膝同高。左臂继续向左画弧成侧平举，两臂前后伸开成一条直线，两拳拳心向下，上体正直，头向右转，平视前方。（图 4-3-4）

三、左拗势

图 4-3-5

图 4-3-6

图 4-3-7

动作要领：

1.接上式，身体右转，左手臂由后向下绷拳，向前画弧成前举，拳心向下，而右手臂屈肘落于胸前，拳心向下。（图 4-3-5）

2.上动不停，左手臂继续向上画弧成上举，同时右腿提膝。（图 4-3-6）

3.上动不停，右脚向后落地，脚掌内扣，右腿后蹬，左腿伸展，以五五开步站立，同时右手臂由胸前向下，向前画弧前伸，左手臂向上，向后画弧伸展，两手臂前后拉伸，两拳拳心向下，身体正直，目视前方。（图 4-3-7）

四、左小势

图 4-3-8

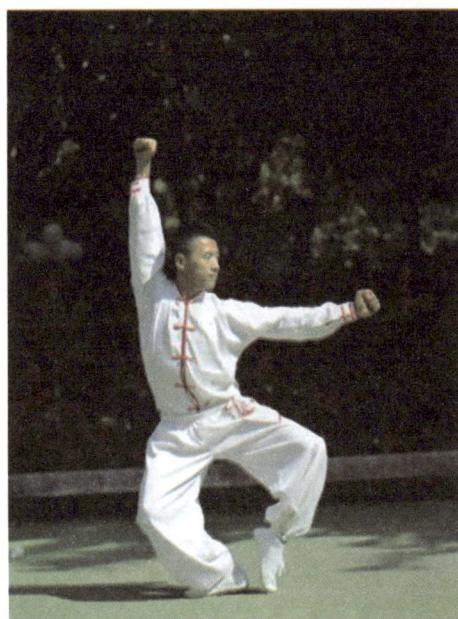

图 4-3-9

动作要领：

1.接上式，身体右转，同时右手臂向下、向后画弧，左手臂向下、向上勾拳，拳落于腰间成马步侧勾拳。（图4-3-8）

2.上动不停，左脚蹬地，重心移于右腿，右拳向右上成上举，同时左腿收回，屈膝，脚尖点地，紧贴右脚跟处，胯稍高于膝，成圆裆。

3.重心右移于右腿，以七三步子屈膝下蹲，两手臂沉肩，两拳拳眼相对，上体正直，头左摆，眼远视前方。（图4-3-9）

五、左败势

图4-3-10

图 4-3-11

图 4-3-12

动作要领：

1. 接上式，上动不停，左脚向左迈出，脚尖朝左，以弓步步型站立，左腿屈膝90°，右腿蹬直，脚尖内勾，同时左手臂由左举向下、向右画弧成弓步下劈拳式，目视左拳。（图4-3-10）

2. 身体右转，以脚跟为轴，右手臂由腰间向上画弧至右侧劈拳，重心向右，右腿屈膝90°，开胯成右弓步劈拳；左腿蹬直，左脚脚尖内扣，目视右拳。（图4-3-11）

3. 上动不停，左手臂向左侧伸出，身体向左侧俯身，两手臂成一条斜展线，左手臂与左脚平行，头向左摆，拳心朝下，身体正直，目视左拳。（图4-3-12）

六、左败势过渡右大势

图4-3-13

图 4-3-14

图 4-3-15

动作要领：

1. 从左败势开始，向右转身，左腿蹬地发力，同时左手臂向下、向右前画弧成绷拳，右拳屈肘在胸前，成弓步绷拳；目视右前方。（图4-3-13）

2. 上动不停，两拳变掌，掌心向上，左腿蹬地向前上步，屈膝前弓，右膝下跪（膝不着地），脚面贴地，右手在上，左手贴左膝关节外侧。（图4-3-14）

3. 双臂向右侧向上举，同时左腿翻胯，右脚尖正对右侧，目视右前方，开胯圆裆，上体正直，两拳拳眼相对成右大势。（图4-3-15）注：动作要领同左大势。

七、右顺势

图4-3-16

图 4-3-17

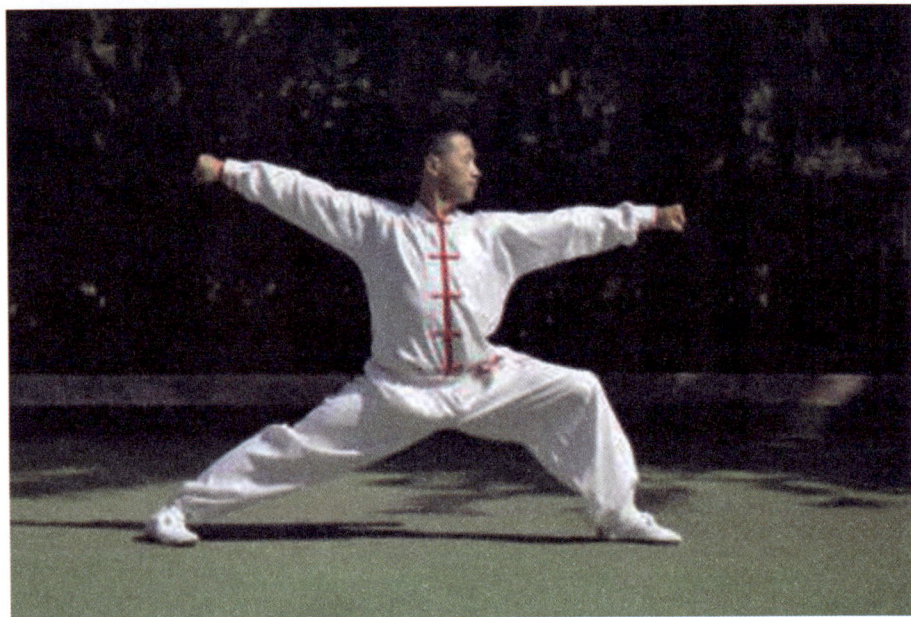

图 4-3-18

动作要领：

1.接上式，右脚掌外摆，身体重心前移，向右转身180°，左腿提膝置于右膝前，右手臂前举向上画弧，迎面过裆，左拳屈肘于胸前，拳心向内，左脚尖紧贴右脚跟处，目视右拳。（图4-3-16、图4-3-17）

2.上动不停，左脚向前上步，左脚尖朝前，左腿屈膝90°，右腿蹬直成弓步，两胯左右开展与膝同高。左手臂由胸前继续向下、向左画弧成侧举，同时右手臂由上举向下成侧平举，右手臂高不过耳，双臂前后拉伸成一条直线，两拳拳心向下，上体正直，头摆左，目视前方。（图4-3-18）

八、右拗势

图 4-3-19

图 4-3-20

动作要领：

1.接上式，身体左转，重心后移，同时，右手臂由上向下、向前画弧成绷拳，左手臂屈肘胸前。（图 4-3-19）

2.上动不停，右手臂由前绷拳式向上画弧上举，而左手臂由胸前向下、向前画弧，左腿提膝于胸前；左腿撤步，两肩前后顺拉，两脚脚尖反内扣，拳心向下，目视前方。（图 4-3-20）

九、右小势

图 4-3-21

图 4-3-22

动作要领：

1.接上式，身体左转，同时左手臂向下、向后画弧，右手臂向下、向上勾拳，拳落于腰间成马步侧勾拳。（图4-3-21）

2.上动不停，右脚蹬地，重心移于左腿，左拳向上举，右拳侧平举，同时右腿收回，屈膝，脚尖点地，紧贴左脚跟处，胯稍高于膝，成圆裆。

3.重心左移于左腿，以七三步子屈膝下蹲，两手臂沉肩，两拳拳眼相对，上体正直，头右摆，眼远视前方。（图4-3-22）

十、右败势

图4-3-23

图 4-3-24

图 4-3-25

动作要领：

1. 接上式，上动不停，右脚向右迈出，脚尖朝右，以弓步步型站立，右腿屈膝90°，左腿蹬直，脚尖内勾，同时右手臂由右举向下、向右画弧成弓步下劈拳式，目视右拳。（图4-3-23）

2. 身体左转，以脚跟为轴，左手臂由腰间向上画弧至左侧劈拳，重心向左，左腿屈膝90°，开胯成左弓步劈拳；右腿蹬直，右脚脚尖内扣，目视左拳。（图4-3-24）

3. 上动不停，右手臂向右侧伸出，身体向右侧俯身，两手臂成一条斜展线，右手臂与右脚平行，头向右摆，拳心朝下，身体正直，目视右拳。（图4-3-25）

第四节　右向演变

图 4-4-1

图 4-4-2

图 4-4-3

动作要领：

1. 从右败势开始，向左转身，右腿蹬地发力，同时右手臂向下、向左前画弧成绷拳，左拳屈肘在胸前，成弓步绷拳，目视左前方。（图 4-4-1）

2. 上动不停，两拳变掌，右掌心向上，右腿蹬地向前上步，左腿屈膝前弓，左膝下跪（膝不着地），左脚面贴地，左手臂在下贴右膝关节内侧，右手臂向下，向后抄手。（图 4-4-2）

3. 右腿翻胯，左脚尖正对左侧，目视左前方，开胯圆裆，上体正直，两拳拳眼相对成左大势。（图 4-4-3）

图 4-4-4

图 4-4-5

图 4-4-6

动作要领：

1. 接左大势，身体右转，左手臂由前向上画弧，右手臂向下、向后画弧，双臂胸前上下交叉至右上举，左手臂在腹部下按。（图 4-4-4、图 4-4-5）

2. 右腿蹬地发力，左手臂由下向前至上举式，同时右手向左前方画弧下按，成顶天立地式，目视上方。（图 4-4-6）

图 4-4-7

图 4-4-8

图 4-4-9

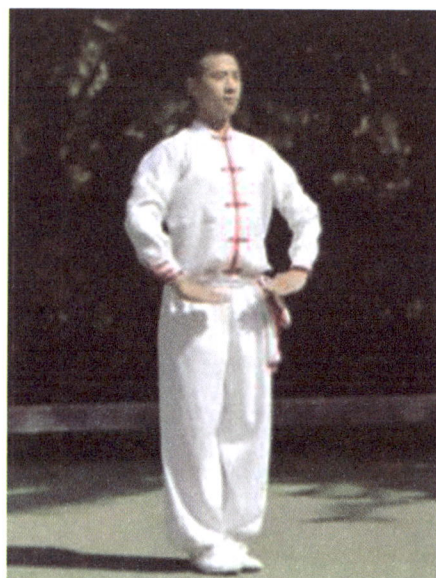

图 4-4-10

动作要领：

1.接顶天立地式，左手臂向下，同时右手由下向上，双臂十字交叉，右手在

下左手在上，左掌心向内，落于胸前。（图4-4-7）

2. 双腿屈膝下蹲，左脚尖在前，重心落于右腿，同时双臂向两侧外展，目视左方。（图4-4-8）

3. 上动不停，右腿蹬地，上体直立，双臂由两侧上举画弧，迎面过腹，同时左腿撤步站立，双手下按，掌心朝下，目视正前方。（图4-4-9、图4-4-10）

第五章　梅花拳习练常识

第一节　梅花拳的礼节

一、抱拳礼

抱拳礼是传统礼仪中的一种相见礼（多见于武林中人），源于周代以前，有3000 年以上的历史，是汉族特有的传统礼仪。

二、行礼

并步站立，左手四指并拢，拇指屈拢；右手成拳，左掌心掩贴右拳面，左指尖与下颌平齐。

右拳眼斜对胸窝，置于胸前屈臂成圆，肘尖略下垂，拳掌与胸相距20 ～ 30厘米。头正，身直，目视受礼者，面容举止自然大方。

三、涵义

1. 左掌表示德、智、体、美"四育"齐备，象征高尚情操，屈指表示不自大，不骄傲。右拳表示勇猛习武。左掌掩右拳相抱，表示"勇不滋乱""武不犯禁""止戈为武"。

2. 左掌为文，右拳为武，文武兼学，虚心求知，恭候师友、前辈指教。

第二节　练功服及训练场要求

一、训练着装要求

　　学习梅花拳，一般对于服装要求不高，运动服装或质地松软、穿着合身、运动方便的服装即可。较为讲究的服装是用于梅花拳竞赛或表演的武术服装。这类服装要首先考虑利于充分发挥运动技能，表现所练项目的运动特点。

二、训练场地选择

　　梅花拳练习一般不受场地限制，对于场地的要求也不高，只要有一块较为平整的地方就可以了。训练的场地一般选择质地比较松软平整的软质地面或草坪地。专业的运动训练队或梅花拳正规比赛多在室内馆的地板上进行，在较硬的场地上（例如水泥地）练武，会增加下肢关节的负担。地面越硬，对人体的反作用力就越大，甚至对练习者会造成创伤。

第三节　练武与饮食营养

一、训练后消除疲劳的方法

在梅花拳运动训练后，首先要主动放松。一般可以通过缓慢伸展、拧转肢体、抖动肢体等方法，主动使肌肉得到放松。或者采用长呼气和吸气的方法，来消除训练负荷造成的急促呼吸，主动使呼气恢复正常。进行被动放松时，可以通过同学帮助，进行按、捏、揉、搓，对运动负荷较大的部位进行放松。

二、练武与饮食营养

练习梅花拳，可以促进体内代谢加快、加强，有利于营养物质的消化与吸收，但需要消耗大量的能量。因此，必须及时补充营养，否则就会出现体能下降和疲劳，影响到练习的效果和身体的健康。当然，如果只单纯地重视营养而忽视练习，会导致体型肥胖、肌体松弛无力，甚至可能引起其他疾患。所以，可以通过练梅花拳或其他的体育锻炼形式，促进食物充分得到消化，营养得到充分吸收，过剩的营养消耗于运动之中。

梅花拳是一种全身性运动，练习起来有一定的强度。同时，又因练习者身体条件、生活习惯以及练习的时间长短和所在地区的生活情况不同，饮食要因人、因地而异，根据练习者的各自实际情况适当补充饮食营养。特别是对于小学生练习者来说，因其正处于生长发育的关键时期，本身就需要丰富的营养，再加上武术运动量，增加营养就更需要了。

1.蛋白质、脂肪、糖、维生素、矿物质、膳食纤维和水，是人体的主要营养成分。

蛋白质是人体生命活动最基本的物质，是组成细胞、肌肉、血液、骨和软骨等的重要原料，占细胞内固体成分的 80% 以上。它对于提高神经系统机能有着十分重要的作用。如果蛋白质补充不足，练武时就会感到乏力，容易疲劳。蛋白质在练习者总膳食中占供能的 13% ~ 17%。

2.脂肪是体内含能量最多的物质。1 克脂肪在体内氧化后能产生 9 千卡的热能，它所产生的能量为同量糖和蛋白质的 1 ～ 2 倍。同时它还是供给人体组织再生修补的重要原料，并能促进脂溶性维生素的吸收和利用。它可以补充练武时能量的消耗。脂肪在练习者的总膳食中占供能的 34% ～ 36%。

3. 糖是人体重要的能量物质。它被称为人体的燃料。如果练习者在缺糖的情况下练武，中枢神经系统的机能就会发生障碍，练习者就会感到头晕、恶心；严重者甚至还会引起运动能力下降，发生晕厥、心绞痛等症状。糖在练习者的总膳食中占供能的 47% ～ 53%。

维生素在体内虽不能合成，不能供给人体所需要的能量，但对于人的生长发育和调节都是不可缺少的营养物质。维生素对于练习者来说更为重要，它不仅是保证身体健康所必需的，且直接影响到人体的活动能力。

一日三餐中，每餐食物应该按如下分配比例较为合理。早餐应占全天总热量的 30% ～ 35%，午餐应占全天总热量的 35% ～ 40%，晚餐应占全天总热量的 25% ～ 30%。

第六章　运动损伤预防与处理

强健的身体和锻炼是离不开的，但是在锻炼的时候也要注意预防运动损伤的发生，不正确的锻炼方式造成运动损伤的案例亦不在少数，这应该引起我们的重视。任何一个运动项目都有它特定的基本技术要求。熟练地掌握基本技术不仅可以促进运动成绩的提高，形成技能技巧，增进自身的体质，而且对预防运动性伤病的发生有着十分重要的作用。运动性损伤分为：

1. 单纯暴力产生的损伤。如冲拳、摆拳时，用力过猛，上臂有附加扭转动作而造成肱骨骨折；小翻卷曲造成腕部舟状骨骨折等。

2. 劳损加爆发力的损伤。长期错误的技术训练动作造成了身体某部位不应有的沉重负荷，使该部位组织变形，失去了组织应有的弹性和韧性，降低了组织的负荷能力。如在腾空跳跃时由于动作不正确，两脚掌不是同时落地，使地面的反作用力不是均匀地作用在两个跟腱上，久而久之就会造成单侧跟腱劳损，当受到突然外加较大的爆发力时，跟腱就会损伤。身体某一部分组织，进行长期的、单调的练习，而不注意整体调整，就会使该组织积累多次、反复的损伤。这种损伤多见于关节、肌腱、跟腱的附着部和负重的骨组织。对于积累性损伤，单纯地依靠医学治疗往往难以收到理想的效果。对微小损伤应重视治疗，停止局部训练，避免反复损伤，使受伤的组织有一个修复的过程和条件。这就是为什么运动性伤病久治难愈以及再三强调运动性伤病预防为主的治疗原则。

第一节　如何预防运动损伤

一、掌握武术的训练方式

每项运动都有自己的技术特点，每个人的身体条件也各不相同。要根据自身的年龄、性别、肌肉力量、关节灵活程度及伤病情况选择正确的运动。

二、制订科学的运动及训练计划

1. 在运动健身时应循序渐进，先易后难。训练时，运动量应由小到大，逐渐加量，并最终找到适合自己的运动负荷。一般锻炼比较安全的次数是一周 1～3 次，每次锻炼时间为 35 分钟左右，慢慢到一周最多 4 次，根据自己身体的情况，如果出现疼痛就要减少训练量。疼痛阶段不要试图运动，否则会使你的疼痛慢慢变成永久的伤病。

2. 在进行武术运动时要注重身体基本素质锻炼。要适当进行肌肉力量练习，以加强肌肉力量，增强肌肉感受性，这样可以更好地保持关节稳定性，延长运动时间。

3. 在武术运动时应进行多项动作相互补充。有些人，由于兴趣点所在，总是长时间重复单项运动，造成某些部位的慢性损伤。为了防止这些不必要的伤害，应当各种动作相互配合，合理训练，周身运动。

三、进行充分的准备活动

在每次运动前，不要一到训练场就赤膊上阵，要充分活动各个关节、拉伸肌肉，使各个关节在各个方面上都得到最大限度的活动以增加关节的柔韧程度和灵活度。天气越冷，热身需要的时间越长。人的身体就像汽车一样，只有经过充分的准备活动才能使肌肉和关节达到最佳的状态，投入运动中去，减少运动伤害。

第二节　运动损伤的应急处理

武术锻炼过程中总还是可能会产生损伤，针对运动损伤的严重程度，有不同的治疗方法，下面介绍几种紧急处理方法：

一、擦伤

即皮肤的表皮擦伤。如果擦伤部位较浅，只需涂碘酊；如果擦伤创面较脏或有渗血时，应用生理盐水清创后再涂上碘酊。

二、肌肉拉伤

指肌纤维撕裂而致的损伤。主要由于运动过度或热身不足，可根据疼痛程度知道受伤的轻重，一旦出现疼痛感应立即停止运动，并在痛处敷上冰块或冷毛巾，保持30分钟，以使小血管收缩，减少局部充血、水肿。切忌搓揉及热敷。

三、挫伤

由于身体局部受到钝器打击而引起的组织损伤。轻度损伤不需特殊处理，经冷敷处理24小时后可用活血化瘀、消肿止痛的中成药，加理疗。

四、扭伤

关节部位突然过猛扭转，造成附在关节外面的韧带撕裂。多发生在踝关节、膝关节、腕关节及腰部。对于急性腰扭伤，让患者仰卧在垫得较厚的木床上，腰下垫一个枕头，先冷敷后热敷。踝关节、膝关节、腕关节等扭伤时，将扭伤部位垫高，先冷敷2～3天后再热敷。如扭伤部位肿胀、皮肤青紫和疼痛，可参照"肌肉拉伤"的处理方法处理。

五、脱臼

即关节脱位。一旦发生脱臼，应嘱病人保持安静、不要活动，更不可揉搓脱臼部位，妥善固定后送医院治疗。

六、骨折

常见骨折分为两种，一种是皮肤不破，没有伤口，断骨不与外界相通，称为闭合性骨折；另一种是骨头的尖端穿过皮肤，有伤口与外界相通，称为开放性骨折。对开放性骨折，不可用手回拿，以免引起骨髓炎，应用消毒纱布对伤口做初步包扎、止血后，找木板、塑料板等将肢体骨折部位的上下两个关节固定起来。怀疑脊柱有骨折者，需尽早卧在木板或担架上，躯干四周用衣服、被单等垫好，不致移动，不能抬伤者头部，这样会引起伤者脊髓损伤或发生截瘫。怀疑颈椎骨折时，需在头颈两侧置一枕头或扶持患者头颈部，不使其在运输途中发生晃动，再用平木板固定送医院处理。

以上只是一些紧急处理方式，在紧急处理后，还是要将伤者尽快送到医院。希望大家在今后的武术运动中既能充分享受到武术锻炼带来的乐趣，又能尽可能远离运动损伤带来的困扰。

第三节　四季练武保健常识

春季是万物复苏的季节，各种生物变得活跃起来，人类也不例外。随着温度的慢慢回升，健身的热潮也开始回暖，但由于受天气气温和人体自身因素的影响，春季进行运动需要注意运动方式、运动时间、运动场所等方面的问题，以免有损健康，得不到锻炼效果。

夏季是一年中温度最高的季节，也是户外运动的高峰期。因此，参加体育运动时预防高温中暑和警惕运动安全问题，就成了避免运动伤害的重中之重。

秋令时节，若坚持适宜的武术锻炼，不仅可以提高内脏器官的功能，而且有利于增强各组织器官的免疫能力和身体对外界寒冷刺激的抵御能力。然而，由于秋季早晚温差大，气候干燥，锻炼时要注意环境因素，防止运动损伤。

冬季因室外的气温、湿度及空气质量等条件变化，人的生理机能也在发生变化，在冬季进行武术训练应该讲究方式、方法，以达到以武强身的目的。因此，冬季锻炼应充分考虑气候因素，预防低气温和雪湿滑所引起的运动伤害。

一、春季锻炼的安全提示

春季风和日丽，植物绿色叶片增多，空气中的负离子倍增。在这样的环境里锻炼身体，有助于提高生理机能和健康水平。春季锻炼还有利于调节情绪。春季的阳光中含大量的红外线和紫外线，红外线除了能加快血液循环，升高皮肤温度，促进新陈代谢，还能提高神经系统的兴奋度。因此，春季室外武术活动能使人心情格外舒畅，精神更加振奋。春季确实是人们进行户外活动的好时机，一些科学、适度的户外活动可以为一年的武术锻炼和身体健康打下良好的基础。

1.注意晨练时间：春天晨间气温低，湿度大，因室内外温差悬殊，人体骤然受冷，易患伤风感冒，故春天应在太阳升起后到户外锻炼为宜；同时，雾天不宜进行锻炼，雾珠中含大量的尘埃、病原微生物等有害物质，锻炼时由于呼吸量增加，肺内势必会吸进更多有害物质。

2.注意锻炼前的准备活动：在进行武术锻炼前必须先活动腰部与四肢的各个大关节，防止和避免扭伤的发生，同时要搓搓手、脸、耳等暴露于外的部位，以促进局部血液循环。

3.注意器官卫生：春天雾多、风大，锻炼时肢体裸露部分不宜过多，以防雾湿的侵袭，要学会鼻吸口呼，不要迎风锻炼。

4.注意防寒保暖：早春气候多变，户外锻炼时衣着要适宜，随时注意防寒保暖，以免出汗后受凉，切忌在大汗淋漓后脱下衣服或在风口处休息。锻炼后，应用毛巾擦干身上的汗水，并及时穿好御寒衣服。

5.运动注意强度：入春时，身体需要一个阶段的调整才能适应大的运动量。这时如果突然加大运动量，会对身体造成较大的消耗。因此，锻炼的强度一般在锻炼后一小时恢复正常为宜，否则运动强度过大，应及时调整。

二、夏季锻炼的安全提示

夏季气温较高，进入三伏天后，更是炎热无比。此时正值暑假期间，学生在校或家进行运动锻炼的时候，要注意以下几点：

1. 运动服装应以宽松的棉织品为佳。款式愈宽松，散热性能愈好，颜色越浅越不容易吸热。锻炼者也要切忌穿着被汗水浸湿的衣物继续运动，时间一长，极易引起皮肤病。

2. 运动时间应是清晨和黄昏。进行户外武术运动不宜选择在中午，夏季最合适的运动时间是在清晨或黄昏。

3. 运动量应该是平时的一半。夏季武术锻炼时间不宜过长，应保持在运动量的二分之一或三分之一左右。锻炼要从低运动量、短时间开始，让身体慢慢适应炎热天气，一次锻炼的时间以 30 ～ 40 分钟为宜。如果一次锻炼时间较长，可在中间安排休息 5 至 8 分钟。

4. 夏季锻炼结束后，不能马上吃大量冷饮。冷饮不仅会降低胃的温度，而且会冲淡胃液，使胃的生理机能受损，轻则引起消化不良、腹泻等，重则导致急性胃炎。摄入少量冷饮对降温有利，但不能过量，在锻炼结束后，要等身体温度大幅度降下来以后才能少量饮冰冻的饮料等。

三、秋季锻炼的安全提示

秋季时节，坚持科学的武术锻炼，可以调心养肺，提高内脏器官的功能，增强人体免疫能力。然而，秋季早晚温差较大，气候较干燥，武术锻炼必须注意以下几点：

1. 注意衣着防止感冒。秋季和夏季不同，清晨的气温已开始有些低了，锻炼时一般出汗较多，稍不注意就有受凉感冒的风险。所以，千万不能一起床就穿着单衣到户外活动，而要给身体一个适应的时间。

2. 及时补水防止干燥。从潮湿闷热的夏季进入秋季，一下子气候干燥起来，温度也降低不少，人体内容易积攒一些燥热，而且秋季空气中湿度减小，容易引起咽喉干燥、口舌少津、嘴唇干裂等症状。再加上锻炼时丧失的水分会加重人体缺水的反应，所以，锻炼过后一定要多喝白开水，多吃梨、苹果、新鲜蔬菜等柔润食物。

3. 做好准备活动，防止拉伤。对于任何一种运动来说，准备活动都是必要的。因为秋季气温较低会引起血管收缩、黏滞性增加，关节的活动幅度减小，韧带的伸展度降低，神经系统对肌肉的指挥能力在没有准备活动的情况下也会下降。锻炼前若不充分做好准备活动，会引起关节韧带拉伤、肌肉拉伤等，严重影响日常生活，导致锻炼反而成了一种伤害。

4.锻炼的同时保证睡眠。俗话说"春困秋乏"，进入秋季气候宜人，日照时间变短，利用这一好时机尽可能地保证睡眠充足，不仅能恢复体力，保证健康，也是提高机体免疫力的一个重要手段。所以，在秋季要遵照人体生物钟的运行规律，养成良好的睡眠习惯，这时再加上有序的科学的习武，身体才能越来越好。

四、冬季锻炼的安全提示

冬季是习武强身的好时机。"冬练三九"这句话是有一定道理的，冬季锻炼身体对于增强体质、预防疾病有很大作用，特别是这个季节坚持武术锻炼还可以锻炼自身顽强的意志。然而，人体会随着季节的变化在内部形成自己的生物钟。季节不同，人体的内环境和内分泌会有变化。冬天天气寒冷干燥且昼夜温差变化大，人体的内环境不稳定，很容易生病，运动时就更需谨慎，注意以下几点，以保证运动安全。

1.运动的时间要有选择。寒冬季节外出运动的时间不宜过早，最好是等太阳出来，地表温度上升之后，上午十点左右比较合适。根据学生在校上课时间的安排，傍晚四五点钟为较理想的锻炼时间。

2.注意保暖，防止受凉。冬天出去运动，为了活动方便，往往穿得比较少，在前往锻炼地点的路途中很容易着凉。因此最好披上一件外套，等活动开了再脱下来。刚刚做完运动时，血液循环很快，身体正在迅速散热，短时间内感觉不到冷。但此时毛孔张开，冷空气很容易刺激身体，造成隐性伤害，等感觉到冷时，身体已经受到很大程度的侵害了。因此运动后也应当及时穿上外套，做好保暖工作。

3.做好充分的准备运动。锻炼前应充分做好准备活动，以防止关节韧带拉伤、肌肉拉伤等。准备活动的时间可因人而异，但一定要做充分，即使走路、慢跑也是一样，一般以做到身体发热为宜。

4.防寒防冻的护具要备齐。当冬季温度很低时，在户外使用健身器材最好避免直接跟皮肤接触。在0℃以下时，当人体皮肤接触到冰冷的金属，很可能造成皮肤与金属的粘连，带来伤害，所以在使用金属器械时，最好戴上手套。

5.运动的方式也很重要。体育锻炼应考虑自己的身体承受力，并不是运动量越大越好，应循序渐进，以不加重心、肺、血管负荷的有氧运动为宜。此外，外出锻炼时还应在背风、向阳处，不要在寒风凛冽的阴暗处锻炼身体。